... für Kinder erzählt

In der gleichen Reihe sind bisher erschienen:

Die Erde von oben für Kinder erzählt
Das Meer für Kinder erzählt
Vulkane für Kinder erzählt
Die Zukunft unserer Erde für Kinder erzählt
Die Tiere Afrikas für Kinder erzählt
Die Welt der Vögel für Kinder erzählt
Kinder in fernen Ländern für uns erzählt
Pferde für Kinder erzählt
Leuchttürme für Kinder erzählt
Wilde Tiere für Kinder erzählt
Die Sahara für Kinder erzählt
Die Raumfahrt für Kinder erzählt
Die Arktis für Kinder erzählt
Feste in fernen Ländern für Kinder erzählt

Schiffe
für Kinder erzählt

Bibliografische Information Der Deutschen Bibliothek
Die Deutsche Bibliothek verzeichnet diese Publikation in der Deutschen Nationalbibliografie;
detaillierte bibliografische Daten sind im Internet über http://dnb.ddb.de abrufbar.

Titel der Originalausgabe: *Les bateaux racontés aux enfants*
Erschienen bei Éditions de la Martinière SA, Paris 2007
Copyright © 2007 Éditions de la Martinière SA, Paris

Deutsche Erstausgabe
Copyright © 2007 von dem Knesebeck GmbH & Co. Verlags KG, München
Ein Unternehmen der La Martinière Groupe

Überzug: Gudrun Bürgin
Satz: satz & repro Grieb, München
Druck: Proost, Turnhout
Printed in Belgium

ISBN 978-3-89660-430-9

Alle Rechte, insbesondere das Recht der Vervielfältigung und Verbreitung, vorbehalten.
Kein Teil des Werkes darf in irgendeiner Form (durch Fotokopie, Mikrofilm oder ein anderes Verfahren)
ohne schriftliche Genehmigung des Verlags reproduziert oder unter Verwendung elektronischer
Systeme verarbeitet, vervielfältigt oder verbreitet werden.

www.knesebeck-verlag.de

PHILIP PLISSON ⚓

Schiffe
für Kinder erzählt

Texte von
Anne Jankeliowitch

Illustrationen von
John Pendray ⚓

Aus dem Französischen von
Maria Hoffmann-Dartevelle

KNESEBECK

Inhalt

- Von Schiffen und Menschen 12
- Vom Einbaum zum Dreimaster 14
- Achtung, Schlagseite! 16
- Mit mehreren Rümpfen ist man schneller 18
- Mit reiner Muskelkraft 20
- Von der Dampfmaschine zum Dieselmotor 22
- Die Arbeit des Schiffsarchitekten 24
- Unter Segeln 26
- Ein gefährlicher Beruf 28
  - Andere Länder – andere Boote 30
  - Passagierschiffe 32
  - Öltanker – die gefährlichsten Schiffe 34
  - Die Kriegsflotte 36
  - Die Frachter der Handelsmarine 38
  - Freiheit und Abenteuer 40
  - Luxus auf hoher See 42

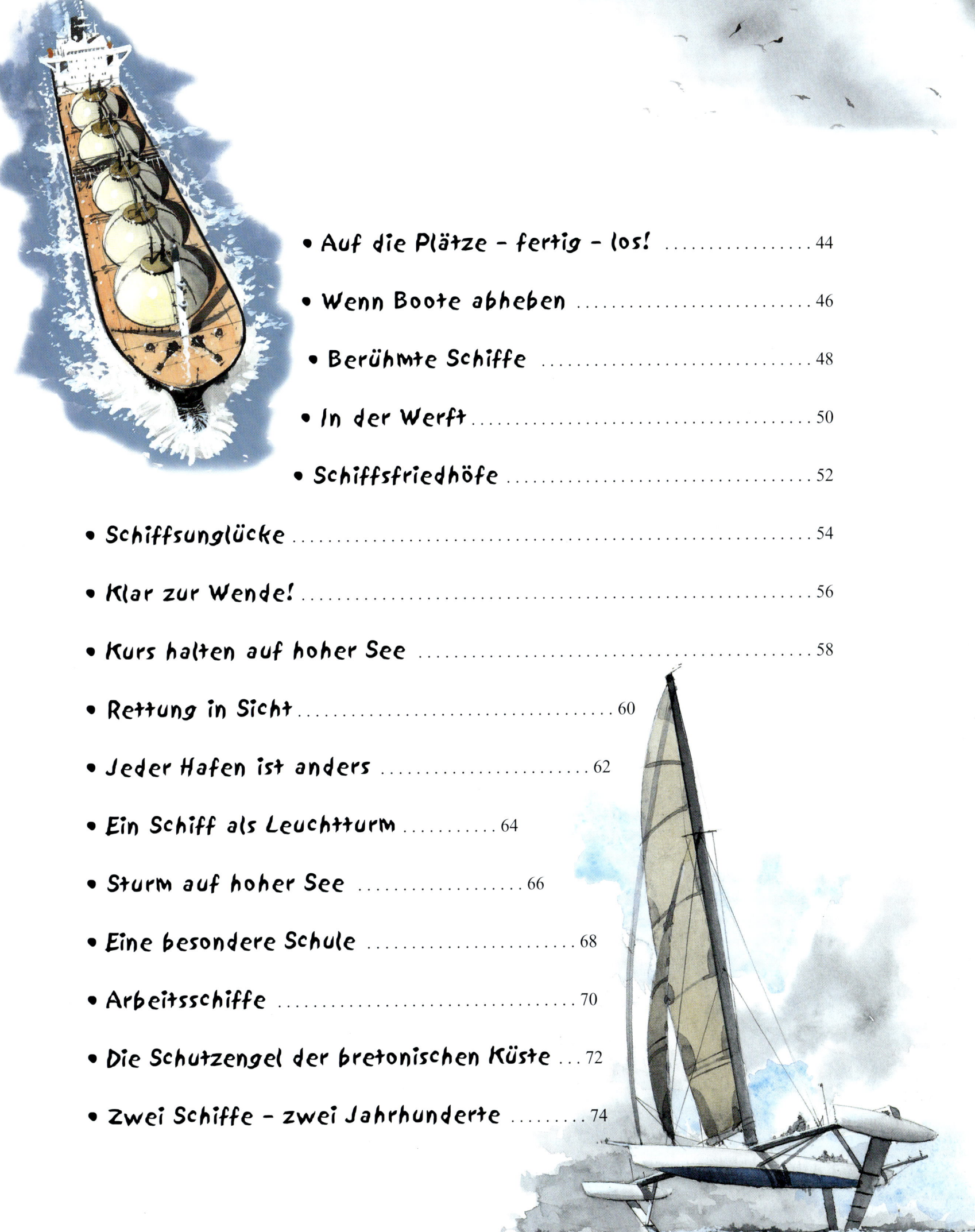

- Auf die Plätze – fertig – los! 44
- Wenn Boote abheben 46
- Berühmte Schiffe 48
- In der Werft 50
- Schiffsfriedhöfe 52
- Schiffsunglücke 54
- Klar zur Wende! 56
- Kurs halten auf hoher See 58
- Rettung in Sicht 60
- Jeder Hafen ist anders 62
- Ein Schiff als Leuchtturm 64
- Sturm auf hoher See 66
- Eine besondere Schule 68
- Arbeitsschiffe 70
- Die Schutzengel der bretonischen Küste ... 72
- Zwei Schiffe – zwei Jahrhunderte 74

Wer das Meer liebt, der liebt die Wellen und die Schaumkronen, die Küsten, Leuchttürme und Seefahrer... und natürlich auch die Schiffe.

Philip begeistert sich für Schiffe, seit er denken kann. Schon als kleiner Junge ist er mit seiner Kamera losgezogen, um sie zu fotografieren. In den letzten dreißig Jahren bereiste er die ganze Welt und begegnete Schiffen jeder Art und Größe. Mal setzte er sich in einen Hubschrauber und fotografierte sie von oben, mal ging er selbst an Bord eines Schiffes: Er fuhr auf einem Eisbrecher durch die zugefrorene Ostsee, umrundete Kap Hoorn an Bord der *Jeanne d'Arc*, überquerte den Ärmelkanal mit einer Fähre, ging in einem Atom-U-Boot auf Tauchstation, fuhr mit einer Gondel durch Venedig, badete im Swimmingpool einer Luxusjacht und segelte mit einem kleinen Boot über den Atlantik. Und wenn er einmal nicht auf einem Schiff unterwegs war, besuchte er die größten Werften der Welt, in denen Ozeandampfer und Riesenfrachter gebaut werden, war zu Gast bei den Treffen historischer Segelboote, beobachtete Wettrennen auf hoher See oder hielt Ausschau nach sagenumwobenen Wracks.

Das Meer und seine Schiffe erzählen uns viele Geschichten über das Leben und die Arbeit der Menschen auf hoher See. Doch trotz ihrer großen Bedeutung werden die Ozeane – und mit ihnen die Schiffe – in den meisten Lehrbüchern und im Unterricht an unseren Schulen vernachlässigt oder ganz vergessen. Dabei bedecken die Meere auf unserem Planeten eine viel größere Fläche als die Kontinente! Die Bezeichnung »Blauer Planet« kommt nicht von ungefähr…

Vor vielen Jahrtausenden begannen unsere Vorfahren, die Ozeane zu erforschen. Sie bauten zunächst einfache Boote, um auf Fischfang zu gehen. Bald konnten die Menschen längere Strecken auf dem Wasser zurücklegen. Sie umsegelten die Welt auf riesigen, mehrmastigen Schiffen, erkundeten andere Erdteile und transportierten Waren auf großen Frachtern rund um den Globus.

Entdeckt selbst die spannende Welt der Schiffe und begleitet Philip auf seiner Reise über die Meere. Kommt an Bord und lasst euch den Fahrtwind ins Gesicht wehen…
Also dann: Mast- und Schotbruch, wie der Seemann sagt, und Leinen los!

Von Schiffen und Menschen

Den Wind in den Segeln, gleitet ein historisches Segelschiff majestätisch über das ruhige Meer.

Der Mensch hat schon immer davon geträumt, aufs offene Meer hinauszufahren. Vor mehreren Jahrtausenden bauten unsere Vorfahren das erste Boot, einen sogenannten Einbaum, aus einem ausgehöhlten Baumstamm. Es folgten Flöße, Pirogen und Kanus und später Erfindungen wie Ruder, Segel und Motoren. Lange Zeit baute man Boote und Schiffe aus Holz. Im 20. Jahrhundert entdeckte man Stahl als Baumaterial für Handels- und Kriegsschiffe, und heutzutage werden Jachten und Sportboote aus Kunststoff hergestellt.

Ägypter, Wikinger, Chinesen, Spanier und Portugiesen haben mit ihren Schiffen schon früh die Ozeane erkundet und sie als Handelsstraßen genutzt. Auch heute ist das Meer ein wichtiger Verkehrs- und Handelsweg und außerdem eine Vorratskammer für den Fischfang. Es ist von großer Bedeutung für die Freizeitgestaltung: Immer mehr Menschen fahren Regatten und machen Jachtausflüge oder Kreuzfahrten. Das Meer wird zu einer Art Museum, wenn sich die großen Schiffe aus alten Zeiten bei den Treffen historischer Segler versammeln, und die zahlreichen Wracks auf dem Meeresgrund erzählen uns von der Vergangenheit.

An Schiffen lässt sich aber auch der Fortschritt ablesen: Die erste Weltumsegelung gelang Ferdinand Magellan. Er verließ Europa im Jahr 1519 mit fünf Segelschiffen und 265 Männern, allerdings kehrte drei Jahre später nur ein einziges Schiff zurück, mit 18 Mann an Bord… Heute legen die Teilnehmer der Jules Verne Trophy (das ist ein berühmtes Hochseerennen) mit ihren Rennsegelbooten dieselbe Strecke in fünfzig Tagen zurück!

Ob klassisch oder modern, ob sportlich oder elegant – alle Schiffe sind Nachfahren des ersten Einbaums und erzählen nicht nur ihre eigene Geschichte, sondern auch die Geschichte der Menschen, die auf ihnen über die Meere gefahren sind.

Ein kleiner Frachter kämpft gegen den Sturm an.

Vom Einbaum zum Dreimaster

Im 19. Jahrhundert transportierten große Klipper die unterschiedlichsten Waren rund um die Welt. Sie wurden in Europa mit Kohle oder Industrieerzeugnissen beladen, die sie in Asien gegen Baumwolle, Tee oder Gewürze und in Amerika gegen Kaffee eintauschten.

Vor etwa 10 000 Jahren entdeckten die Menschen, dass sie mit Baumstämmen das Wasser überqueren konnten. Sie höhlten die Stämme mit ihrem Steinwerkzeug aus, setzten sich hinein und benutzten Stöcke oder ihre Hände als Ruder. Mit diesen Einbäumen begann die Geschichte des Schiffbaus. Nach den ersten einfachen Holzbooten wurden immer größere Schiffe gebaut, die den Transport von Waren, den Fischfang und den Seehandel ermöglichten.

Schon vor mehr als 3000 Jahren erkundeten die Menschen auf dem Seeweg die Welt. Mit riesigen zweirümpfigen Pirogen (indianischen Einbäumen), auf denen Platz für fünfzig Personen, Haustiere und Proviant für mehrere Monate war, wagten sich die Maori hinaus aufs Meer. So bevölkerten sie die Inseln im Pazifik, und das über 2500 Jahre, bevor Kolumbus mit seinen Karavellen (mittelalterlichen Segelschiffen) auf Entdeckungsreise ging! Im Mittelalter überquerten die Wikinger auf ihren Langschiffen den Atlantik, und im 15. Jahrhundert unternahm der chinesische Kaiser Zheng He seine zahlreichen Seereisen in Begleitung einer Flotte von siebzig Dschunken (chinesischen Segelschiffen), von denen die größten bereits neun Masten hatten.

Im Laufe der Zeit entwickelten sich verschiedene Schiffstypen. So gab es zum Beispiel einfache Fischerboote – die Vorläufer der modernen Fabrikschiffe –, aber auch die großen Schlachtschiffe der Kriegsmarine. Heute gehören unter anderem Flugzeugträger und Atom-U-Boote zur Kriegsflotte. Die Handelsmarine wiederum verfügte über imposante Klipper. Das waren große, drei- oder viermastige Segelschiffe, die Anfang des 20. Jahrhunderts von den Dampfern abgelöst wurden. Inzwischen transportieren verschiedene Arten von Frachtern Waren in alle Welt. Und schließlich baute man Sportboote und Jachten: Mit Segeln oder Motoren ausgestattet, werden sie heute bei Hochseerennen eingesetzt oder für gemütliche Jachtausflüge genutzt.

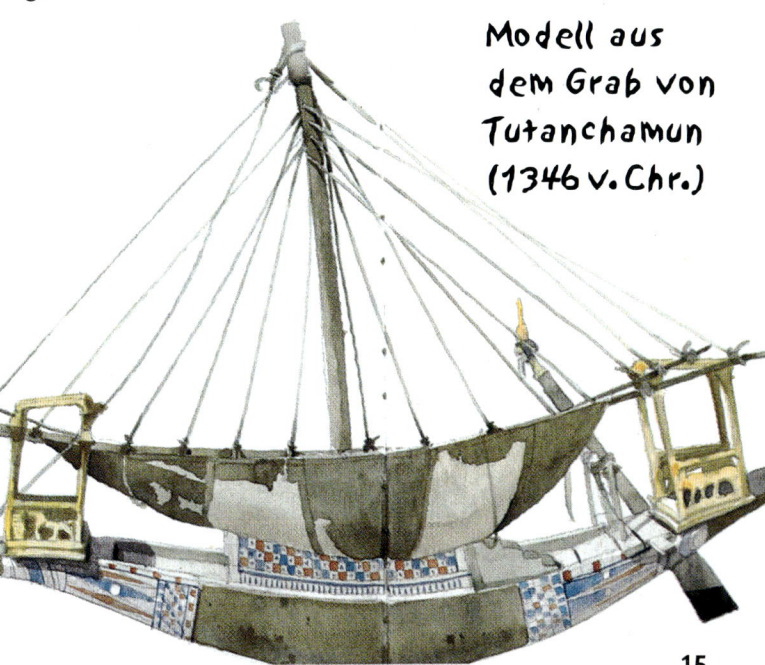

Modell aus dem Grab von Tutanchamun (1346 v. Chr.)

Achtung, Schlagseite!

Die 35 Meter lange *Mariquita* wurde von dem berühmten Schiffbauer William Fife entworfen. Das inzwischen fast hundert Jahre alte und vollständig restaurierte Segelschiff gehört zu den schönsten und schnellsten Jachten der Welt.

Einrumpfsegelboote oder Monohulls haben, wie ihr Name schon sagt, nur einen Rumpf. Bei starkem Wind oder schwerem Seegang bekommen sie oft Schlagseite, auch Krängung genannt, und neigen sich zur Seite. Aber wie kommt es, dass sie nicht kentern? Ganz einfach: Unter dem Rumpf befindet sich ein Ballast, der als Gegengewicht dient und für Stabilität sorgt. Der Kiel unter dem Rumpf verhindert außerdem, dass die Segelboote abdriften. Im Gegensatz zu Kielbooten haben Schwertboote ein flaches »Schwert«, das ins Wasser hinabgelassen werden kann, damit das Boot nicht vom Kurs abkommt. Sportschwertboote haben keinen Ballast – hier sorgen die Seeleute selbst für das nötige Gegengewicht, indem sie sich »ins Trapez hängen«: Sie lehnen sich, nur von einem Tau aus Draht gehalten, so weit wie möglich über den Bootsrand, um die Schräglage auszugleichen. Auf Rennsegelbooten sitzt manchmal die komplette Mannschaft auf einer Seite, um das Gewicht zu verlagern und so die Krängung zu verringern. Wenn das Segelboot sich zu sehr zur Seite neigt, fangen die Segel weniger Wind ein, wodurch das Boot langsamer wird. Und genau das will man ja bei einer Regatta nicht!

Die Krängung verunsichert jeden, der eine solche Schräglage nicht gewohnt ist (stellt euch vor, ihr seid in einem Raum, der plötzlich zur Seite kippt!), aber auf einem Segelboot ist sie etwas ganz Normales. Sie wird sogar von Anfang an miteinkalkuliert.

Mit solchen eleganten Vergnügungsdampfern aus Mahagoni machte man Anfang des 20. Jahrhunderts Flusskreuzfahrten.

Mit mehreren Rümpfen ist man schneller

Die *Fujicolor* ist ein Riesentrimaran. Diese gigantischen, mindestens 18 Meter langen Hightech-Boote sind mit einem 30 Meter hohen Mast ausgestattet und fahren nur Ozeanregatten. Sie erreichen eine Geschwindigkeit von über 55 km/h und sind nichts für Anfänger!

Ein Boot wird durch den Wasserwiderstand gebremst – genau wie wir beim Schwimmen. Wenn man die Form des Rumpfes so verändert, dass weniger Fläche mit dem Wasser in Berührung kommt, wird der Widerstand geringer und das Boot schneller. Auf diesem Prinzip beruhen Mehrrumpfboote oder Multihulls, die im Gegensatz zu Einrumpfbooten mit zwei oder mehr schmalen Rümpfen ausgestattet sind.

Wegen des relativ großen Abstandes zwischen den Rümpfen sind Mehrrumpfboote so stabil. Deshalb kann man größere Segel verwenden und extrem hohe Geschwindigkeiten erreichen. Diese Boote werden oft bei Ozeanregatten eingesetzt. Zu der Kategorie der Multihulls gehört auch der Katamaran. Er hat zwei gleich geformte Rümpfe, die fest miteinander verbunden sind. Die aus Malaysia und Indonesien stammende Proa hat neben dem Hauptrumpf einen kleineren Rumpf, den Ausleger, der immer auf der Leeseite (der dem Wind abgewandten Seite) liegt. Der Trimaran verfügt sogar über einen Hauptrumpf und zwei seitliche Nebenrümpfe. Der Rumpf auf der Luvseite (also auf der Seite, auf die der Wind trifft) hebt sich bei erhöhter Geschwindigkeit etwas aus dem Wasser. So kann das Boot noch schneller fahren.

Katamarane werden auch als Freizeitsegelboote benutzt. Da sie stabil sind (sie krängen nicht), viel Platz bieten und keinen Kiel haben – weshalb sie auch in seichten Gewässern fahren können –, sind sie äußerst beliebt. Als motorisierte Boote werden sie eingesetzt, um Passagiere zu befördern: Die schnellsten Fähren der Welt sind Katamarane.

Natürlich kann man die Zahl der Rümpfe nicht beliebig erhöhen. Obwohl… In der Handelsschifffahrt sind bereits Pentamarane in Planung: Das sind Schiffe mit fünf Rümpfen, die den Transport besonders schwerer Ladungen ermöglichen sollen.

Katamarane werden immer häufiger als Schnellfähren eingesetzt.

Mit reiner Muskelkraft

Es gibt viele Arten zu rudern: Konzentriert manövriert eine Mannschaft ihr Raftboot durchs Wildwasser (oben links), Aude Fontenoy überquert mit viel Ausdauer den Ozean (oben rechts), Eric Tabarly »wriggt« geschickt durch den Hafen von Trinidad (unten rechts) und Ernestine rudert gelassen mit ihrem Boot *La Marie Galante* übers Meer (unten links).

In der Antike ruderten die Sklaven auf den Galeeren oft bis zur Erschöpfung. Die Wikinger hatten auf ihren Schiffen zwar schon Segel, aber auch sie benutzten noch Ruder. Heutzutage ist das Rudern eine beliebte Sportart und Freizeitbeschäftigung.

Einmannruderboote, auch Einer oder Skiff genannt, rudert man mit speziellen Rudern, den Skulls. Diese Boote sind lang und schmal, damit sie besser gleiten und dem Wasser weniger Widerstand bieten. Auch Achter sind ungefähr 18 Meter lang, aber nur 55 Zentimeter breit!

Im Gegensatz zum Ruder oder Riemen (so nennt man ein längeres Ruder, das mit beiden Händen bewegt wird) liegt ein Paddel nicht auf dem Boot auf. Pirogen, Kanus und Raftboote (das sind große Schlauchboote) werden mit einfachen Paddeln fortbewegt, Kajaks hingegen mit Doppelpaddeln.

Neben dem normalen Riemen gibt es auch den sogenannten Wriggriemen: Das ist ein einzelner Riemen hinten am Boot, den man sowohl zum Rudern als auch zum Steuern benutzt. Mit dem Wriggriemen muss man die Form einer liegenden Acht im Wasser beschreiben, was gar nicht so einfach ist. Jeder, der geschickt »wriggt« und dabei aussieht, als müsste er sich kein bisschen konzentrieren, hat mit Sicherheit lange geübt ...

Heutzutage wird der Rumpf solcher Boote aus glasfaserverstärktem Kunststoff gebaut.

Von der Dampfmaschine zum Dieselmotor

Die Wally Power 118 erreicht selbst bei unruhiger See eine Geschwindigkeit von 110 km/h. Hinter ihrem Rumpf aus Stahl verbirgt sich eine luxuriöse und komfortable Innenausstattung.

Die Dampfmaschine war eine wichtige Erfindung im 18. Jahrhundert. Sie spielte besonders in der Schifffahrt eine große Rolle – obwohl sie später von Motor und Schiffsschraube abgelöst wurde –, denn sie trieb die Schaufelräder der ersten Dampfer an. Heute fahren kleine Boote mit benzinbetriebenen Außenbordmotoren, die hinten am Heck befestigt sind, während große Schiffe mit Dieselmotoren ausgestattet sind. Einige besondere Wasserfahrzeuge nutzen einen Kernenergieantrieb. So haben beispielsweise U-Boote, die in der Lage sein müssen, für lange Zeit abzutauchen, einen atomaren Antrieb, da dieser keine Verbrennungsluft benötigt. Auch Eisbrecher, die sich mehrere Jahre lang in gefrorenen Gewässern aufhalten, profitieren von der Atomenergie, weil der Kernbrennstoff nur alle fünf Jahre erneuert werden muss.

Frachtschiffe transportieren schwere Ladungen und benötigen deshalb besonders leistungsstarke Dieselmotoren. Der gesamte Maschinenraum dieser Ozeanriesen wird von einem Kontrollraum aus überwacht. Dort sitzt ein Mechaniker, der von allen möglichen Knöpfen, Bildschirmen und Hebeln umgeben ist – wie in einem Cockpit!

Auch für die Freizeitschifffahrt ist der Motor immer wichtiger geworden und hat sich allmählich durchgesetzt: Die meisten Jachten sind inzwischen Motorboote. Luxusjachten wie die *Wally Power 118*, die mit ihren drei Gasturbinen (mit jeweils 5000 PS) 60 Knoten (110 km/h) macht, können sich allerdings nur wenige Menschen leisten. Leider!

Dieser Dampfer versorgte die schottischen Inseln früher mit Lebensmitteln.

Die Arbeit des Schiffsarchitekten

Die französische Fregatte *Hermione*, ein 44 Meter langer Dreimaster aus dem Jahr 1780, wird in der Werft von Rochefort nachgebaut. Damals benötigte man für den Rumpf etwa 2800 hundertjährige Eichen und fast ein Jahr Bauzeit.

Wenn man ein Schiff bauen will, beauftragt man einen Schiffsarchitekten. Der zukünftige Besitzer fertigt eine genaue Baubeschreibung an, damit der Architekt weiß, welche Eigenschaften das Schiff haben soll. Ein Frachter muss eine bestimmte Menge Erz transportieren können, eine Fähre muss eine bestimmte Anzahl von Passagieren befördern, eine Jacht sollte geräumig und elegant sein und ein Rennboot schnell und wendig. Das Wichtigste ist natürlich, dass ein Schiff stabil ist, den Sicherheitsstandards entspricht und nicht zu viel kostet. Nun kann der Architekt mit dem Zeichnen beginnen.

Seine ersten Entwürfe zeigen Größe und Form des Unterwasserschiffes (das ist der Teil des Rumpfes, der sich unter Wasser befindet) sowie den Umriss des gesamten Schiffes. Dann erstellt der Architekt genaue Skizzen von den einzelnen Schiffsteilen, vom Kiel bis zu den Kabinen. Für den Ozeanriesen *Queen Mary 2* wurden 10 000 Entwürfe angefertigt. Bei Passagierschiffen müssen auch Pläne für eine Evakuierung im Notfall mitgeliefert werden – natürlich in der Hoffnung, dass man sie nie benötigen wird …

Früher zeichneten Schiffsarchitekten ihre Pläne von Hand auf große Papierbögen. Heutzutage arbeiten sie mit modernen Hilfsmitteln: Die Entwürfe werden am Computer gemacht (man spricht von »computerunterstützten Entwürfen«), und die zahlreichen mathematischen Berechnungen, die zur Entwicklung der Rumpfform notwendig sind, werden von speziellen Programmen durchgeführt. Anschließend lässt der Architekt ein Miniatur-Modell anfertigen, das er in einer Versuchsanlage testet. Das Modellschiff wird in ein mit Wasser gefülltes Becken gesetzt, in dem künstlich Strömungen und Wellen erzeugt werden. So kann man genau die Reaktionen des Schiffes beobachten. Inzwischen gibt es auch Computersimulationen, aber das macht längst nicht so viel Spaß!

Unter Segeln

Im Jahr 1992 wurde der America's Cup in San Diego, Kalifornien, erstmals mit Booten der International America's Cup Class (IACC) ausgetragen. Diese Hightech-Yachten mit ihren gigantischen Segeln sind wahre Rennmaschinen und werden von Crews gesteuert, die ein intensives, computerunterstütztes Training absolviert haben.

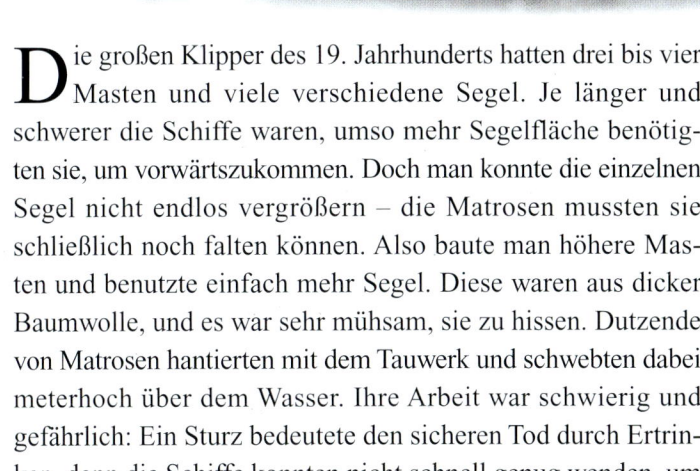

Die großen Klipper des 19. Jahrhunderts hatten drei bis vier Masten und viele verschiedene Segel. Je länger und schwerer die Schiffe waren, umso mehr Segelfläche benötigten sie, um vorwärtszukommen. Doch man konnte die einzelnen Segel nicht endlos vergrößern – die Matrosen mussten sie schließlich noch falten können. Also baute man höhere Masten und benutzte einfach mehr Segel. Diese waren aus dicker Baumwolle, und es war sehr mühsam, sie zu hissen. Dutzende von Matrosen hantierten mit dem Tauwerk und schwebten dabei meterhoch über dem Wasser. Ihre Arbeit war schwierig und gefährlich: Ein Sturz bedeutete den sicheren Tod durch Ertrinken, denn die Schiffe konnten nicht schnell genug wenden, um einen Matrosen zu retten.

Heute werden Segelboote fast nur noch in der Freizeit oder bei Regatten gefahren. Die Segel wurden weiterentwickelt und das Material verbessert. Die Sluptakelung mit einem Groß- und einem Vorsegel ist inzwischen am gebräuchlichsten (als Takelung bezeichnet man die Art der Segelausrüstung eines Schiffes). Neben diesen beiden Segeln gibt es aber noch viele andere. Der Spinnaker zum Beispiel ist ein großes und bauchiges Segel, das man setzt, wenn der Wind von achtern (hinten) kommt, damit das Boot schneller fährt. Die Sturmfock, ein kleines Vorsegel, dient zur Stabilisierung des Segelbootes und sorgt dafür, dass es auch bei einem kräftigen Windstoß manövrierfähig bleibt. Dank der Kunstfasern sind Segel heute leichter und fester. Bei Rennsegelbooten benutzt man Segel aus Kevlar (einem besonders widerstandsfähigem Material): So kommt die Crew sogar mit Segeln von der Größe eines Basketballfeldes zurecht!

Ein Viermaster auf hoher See

Ein gefährlicher Beruf

Der Fischfang auf hoher See ist ein gefährliches Abenteuer. Die ständige Krängung und die körperliche Anstrengung machen den Berufsfischern sehr zu schaffen.

Für einen Hobbyangler gibt es nichts Schöneres, als einen wild zappelnden Fisch aus dem Wasser zu ziehen. Für andere ist das Fischen ein Beruf – ein sehr gefährlicher Beruf! Die Arbeitsbedingungen sind hart, und jeden Tag setzen die Fischer auf hoher See ihr Leben aufs Spiel.

Berufsfischer spezialisieren sich oft auf eine Fischart, denn für jede Art gibt es eine bestimmte Fangmethode. Thunfische oder Sardellen etwa, die in Schwärmen leben, fängt man mit riesigen Schleppnetzen, die hinter den Schiffen hergezogen werden. Jakobsmuscheln und Garnelen halten sich am Meeresgrund auf und werden mit großen Keschern eingesammelt. Die Bezeichnung eines Schiffes verrät oft schon, welche Fische es fängt: Es gibt Thunfischkutter, Sardinenkutter, Krabbenkutter und natürlich auch Walfänger.

Tagsüber gehen die Fischer mit kleineren Schiffen in Küstennähe auf die Jagd. Oft bekommen sie Unterstützung von den Vögeln, die sich von Fischen ernähren und auf der Suche nach ihrer Beute am Himmel kreisen – wo viele Vögel sind, findet man mit Sicherheit auch viele Fische! Fangfahrten mit großen Trawlern können mehrere Monate dauern. Die Fischschwärme werden mit Echoloten oder Flugzeugen aufgespürt. Die gefangenen Tiere werden noch an Bord des Schiffes gesäubert, sortiert, tiefgefroren oder in Konserven verpackt. Fabrikschiffe können bis zu 100 Tonnen Fisch in einer Stunde fangen, so viel wie ein Fischerboot im 16. Jahrhundert in einer ganzen Saison! Aus diesem Grund sind allerdings viele Meeresregionen überfischt. Die Bestände werden immer kleiner, und einige Arten sind bereits vom Aussterben bedroht.

Ein Trawler auf Fischfang

Andere Länder – andere Boote

Die Segelflöße, die in Nordostbrasilien zum Fischfang benutzt werden, heißen Jangadas. Obwohl sie nicht besonders stabil wirken, können sie den Wellen auf dem Meer standhalten und sogar wilden Stürmen trotzen.

Es gibt viele verschiedene Bootstypen, weil die Menschen überall auf der Welt unterschiedliche Vorstellungen davon haben, welche Boote sich am besten zum Fischen oder zum Transport von Waren eignen. So haben die einzelnen Völker ihre eigenen Traditionen des Bootsbaus entwickelt. Natürlich hängt die Bauweise von Booten auch davon ab, welche Materialien zur Verfügung stehen.

Die Inuit im hohen Norden bauen Kajaks aus Robbenfell, und nichts wäre praktischer für die Seehundjagd zwischen den Eisschollen als diese kleinen und leichten Boote. Die Indianer im Amazonasgebiet höhlen große Baumstämme aus und bauen daraus lange, schmale Pirogen, die sie mit dem Ruder geschickt durch die Seitenarme des Amazonas manövrieren. Die Polynesier gehen mit sogenannten Auslegerkanus auf Fischfang: Das sind Pirogen mit einem Schwimmer auf einer Seite, der für mehr Stabilität sorgt. Mit diesen flachen Booten kommt man sogar in Lagunen, in denen die Korallenriffe bis dicht unter die Wasseroberfläche reichen.

In manchen Gegenden werden heute auf traditionellen Booten Wettkämpfe ausgetragen, wie etwa auf Martinique. Hier treten Männer auf kleinen Jollen, die früher in der Küstenfischerei eingesetzt wurden, gegeneinander an.

Einige Bootstypen sind auch zu Wahrzeichen ihrer Region geworden, wie zum Beispiel die Dschunken in Asien. Die traditionelle Piroge der Polynesier ist sogar auf der Nationalflagge abgebildet. All diese Boote sind untrennbar mit ihrer Heimat verbunden. Stellt euch nur mal eine venezianische Gondel auf dem Rhein vor oder einen Ausflugsdampfer für Touristen zwischen brasilianischen Jangadas …

Balinesischer Trimaran mit verziertem Bug

Passagierschiffe

Zwischen Frankreich und England herrscht ein reger Schiffsverkehr. Hier sehen wir eine Fähre, die gerade aus dem Hafen von Caen ausgelaufen ist. Jeden Tag werden 130 Überfahrten angeboten und bis zu 63 000 Passagiere transportiert.

Die ersten Passagierschiffe liefen Anfang des 19. Jahrhunderts vom Stapel. Lange Zeit gab es keine andere Möglichkeit, den Atlantik zu überqueren, als mit diesen Ozeanriesen – bis die Luftfahrt sich in den 1960er Jahren durchsetzen konnte. Das Flugzeug, das wegen seiner hohen Geschwindigkeit besser für lange Strecken geeignet war, verdrängte allmählich die Linienschifffahrt und schickte die großen Ozeandampfer, auch Liner genannt, in den Ruhestand.

Kleinere Fahrgastschiffe werden heute auf kurzen Strecken eingesetzt, zum Beispiel in Meerengen, auf Seen oder zwischen zwei Inseln. Schiffe, mit denen man Personen befördert, aber auch die sogenannten Ro-ro-Schiffe, auf denen Autos und Lastwagen transportiert werden, bezeichnet man als Fähren. Diese haben Passagierdecks und große Laderäume für die Autos. Die größten Fähren nehmen bis zu 500 Fahrzeuge an Bord und verfügen über mehrere Ebenen. Katamarane sind inzwischen die schnellsten Fährschiffe. Sie haben die Luftkissenfahrzeuge oder Hovercrafts (Schiffe, die von Propellern angetrieben werden und auf einem Luftkissen über das Wasser gleiten) abgelöst, die zuvor für die Überquerung des Ärmelkanals eingesetzt worden waren.

Fähren sind sehr groß, sehr hoch und haben nur einen geringen Tiefgang (das ist der Teil des Schiffes, der sich unter Wasser befindet). Für eine Atlantiküberquerung sind sie nicht stabil genug. Mit einem Kreuzfahrtschiff, das einen enormen Tiefgang hat, ist eine solche Überfahrt zwar kein Problem, aber sie dauert etwas länger.

Diese typisch amerikanischen Schaufelraddampfer transportierten im 19. Jahrhundert Waren und Passagiere.

Öltanker – die gefährlichsten Schiffe

Der Supertanker *New Wisdom* verlässt das Ölterminal von Donges in Frankreich, nachdem er seine Ladung gelöscht hat.

Öltanker gehören zu den größten Schiffen der Welt. Diese Stahlriesen mit einer Länge von etwa 450 Metern transportieren in ihren Laderäumen bis zu 300 000 Tonnen Rohöl (Erdöl, das gereinigt und zu Treibstoff weiterverarbeitet wird). Das längste und schwerste Schiff, das jemals gebaut wurde, ist der Supertanker *Knock Nevis*. Er ist 458 Meter lang und wiegt voll beladen 650 000 Tonnen.

Öltanker sind aber auch die gefährlichsten Schiffe, denn ihre Ladung kann verheerende Ölkatastrophen verursachen. Sie sind sogar so gefährlich, dass sie in einem Hafen nie allein am Kai anlegen dürfen, sondern Schlepper das Manövrieren für sie übernehmen.

Auf hoher See passieren leider immer wieder Unfälle. Bei den meisten Tankerunglücken läuft Öl aus, das Tausende von Meerestieren vernichtet und die Küste über Hunderte von Kilometern verschmutzt. Eine einzige Tonne Öl kann sich über eine Wasserfläche verteilen, die so groß ist wie 1700 Fußballfelder! Nach neuen Sicherheitsbestimmungen müssen alle Öltanker ab 2015 eine doppelte Außenhülle haben. Der zwei Meter breite Zwischenraum, der die beiden Außenwände voneinander trennt, soll das Öl bei einem Unfall auffangen, sodass es nicht ins Meer fließt. Wird diese Vorsichtsmaßnahme ausreichen, um weitere Katastrophen zu verhindern?

Feluken und Galeassen sind noch heute auf dem Nil in Ägypten unterwegs.

Die Kriegsflotte

Großbritannien: Zum zweihundertjährigen Jubiläum der Schlacht bei Trafalgar im Jahr 2005 eskortierten Jachten und historische Segelboote über hundert Kriegsschiffe durch den Solent (einen Seitenarm des Ärmelkanals).

In den großen Seeschlachten früher wurden Segelschiffe mit mehreren Kanonen an Bord als Kriegsschiffe eingesetzt. Heute verfügt die Kriegsmarine eines Landes über viele verschiedene Arten von Kriegsschiffen, von Fregatten über U-Boote bis hin zu Flugzeugträgern. Aber wozu brauchen wir in der heutigen Zeit eigentlich noch eine Kriegsflotte?

Ganz einfach: Während zum Beispiel U-Boote früher hauptsächlich für den Angriff bestimmt waren, ist ihre wichtigste Aufgabe nun die Abschreckung möglicher Gegner. Sie gleiten geräuschlos und unsichtbar durch die Weltmeere und demonstrieren, dass sie stets zum Raketenabschuss bereit sind. Andere Kriegsschiffe werden in Krisengebieten auf der ganzen Welt eingesetzt: Manche bringen Soldaten für Bodenkämpfe in gefährliche Regionen, andere schützen die eigenen Versorgungsschiffe oder attackieren die des Feindes. Auf Flugzeugträgern wiederum starten und landen Kampfflugzeuge.

In vielen Ländern unterstützen die Schiffe der Kriegsmarine die Küstenwache beim Kampf gegen Schmuggler und bei der Kontrolle des Fischfangs. Sie erfüllen aber auch noch andere Aufgaben: Sie nehmen an wissenschaftlichen Expeditionen teil und helfen bei der Aktualisierung von Seekarten. Und schließlich sind sie bei Naturkatastrophen und in Notsituationen zur Stelle, um Menschen zu evakuieren und Leben zu retten. Ist das nicht die schönste Mission für ein Kriegsschiff?

Die Frachter der Handelsmarine

Das Containerschiff *Otello*, ein Koloss von über 300 Metern Länge, 40 Metern Breite und 14 Metern Tiefgang, transportiert 8500 Container.

Die Ozeane werden seit Jahrtausenden als Handelsstraßen genutzt, und noch heute gelangen fast neunzig Prozent aller Waren auf dem Seeweg in ferne Länder. Die Frachter der Handelsmarine, die diese Güter transportieren, haben sich immer mehr spezialisiert: Gastanker sind mit besonderen Behältern ausgestattet, in denen das Methangas bei –161 °C flüssig gehalten wird (es dehnt sich so weniger aus als in Gasform), Massengutfrachter befördern loses Getreide, Holz oder Zement, während Chemikalientanker chemische Flüssigkeiten in speziellen Tanks transportieren.

Containerschiffe befördern ihre Waren in großen Behältern, die 6 bis 12 Meter lang sind. Bis zu zwanzig Lagen solcher Container können aufeinandergestapelt werden! Ein Ballast unter dem Rumpf dient als Gegengewicht für die schwere Ladung und stabilisiert das Schiff. Die Container findet man später auf Lastwagenanhängern oder Zügen wieder, denn sobald sie vom Schiff geladen werden, setzen sie ihre Reise an Land fort. Dieses System ist so einfach und praktisch, dass es den Warentransport auf der ganzen Welt revolutioniert hat.

Vor dreißig Jahren konnten die größten Containerschiffe gerade einmal 3000 Großbehälter befördern. Heute nehmen sie 9500 an Bord, und inzwischen werden schon Frachter gebaut, die 12 000 Container transportieren sollen. Es scheint, als könne nichts das Wachstum dieser Schiffe bremsen … China gilt mittlerweile als die »Fabrik der Welt«: Mit Massengutfrachtern werden Rohstoffe importiert (ins Land gebracht), um die daraus hergestellten Produkte dann mit Containern in die ganze Welt zu verschiffen. Doch schon bald werden die Hafenbecken nicht mehr tief genug sein, um die riesigen Frachter aufzunehmen.

Dieser Frachter transportiert in seinen Tanks flüssiges Gas.

Freiheit und Abenteuer

Nicht weit entfernt von der französischen Stadt Cassis hat die Mannschaft einer Segeljacht gerade den Anker gelichtet.

Die meisten Menschen freuen sich bei einem Jachtausflug besonders darauf, in einer traumhaften Bucht vor Anker zu gehen. An Bord einer Segeljacht genießt man das Gefühl von Freiheit und Abenteuer. Man kann einfach irgendwo anlegen und wunderschöne, einsame Strände entdecken.

Doch beim Segeln geht es nicht nur um paradiesische Ankerplätze, sondern auch um den Weg dorthin. Mit dem Wind als Treibstoff und den Segeln als Motor, ohne Lärm und verschmutzte Luft, ist schon die Fahrt allein das reinste Vergnügen!

Bei Ausflügen auf dem Meer muss man allerdings auch mit schlechtem Wetter oder Stürmen rechnen. Manch einer wird seekrank und es können Pannen auftreten. Es kann aber auch sein, dass einen die Krängung oder die Gegenstände, die durch die Luft fliegen, einfach nerven. Manchen Seglern machen die Enge an Bord und der Schlafmangel nach einer Nachtwache zu schaffen. Und selbst am Liegeplatz ist man nicht immer sicher: Ein kräftiger Windstoß kann genügen, um den Anker aus dem Meeresboden zu reißen, und schon treibt das Schiff auf einen Felsen zu …

Doch solange man auf alles vorbereitet ist, können selbst die widrigsten Umstände einem nicht die Freude am Segeln verderben.

Luxus auf hoher See

Luxusschiffe sind so gefragt wie nie zuvor, und immer mehr Menschen besitzen Privatjachten wie diese. Die größte und luxuriöseste der Welt, die *Project Platinum*, gehört dem Emir von Dubai.

Der Wunsch nach Luxus auf hoher See existiert schon lange. Bereits Anfang des 20. Jahrhunderts baute man Ozeanriesen, die wie schwimmende Paläste aussahen. Der Speisesaal der 1935 vom Stapel gelaufenen *Normandie* war über 100 Meter lang! Der prunkvolle Dampfer wurde zu Recht auch »Lichterschiff« genannt.

Auf den luxuriösen Privatjachten findet man heutzutage alles, was das Herz begehrt: An Bord der *Octopus* gibt es ein Kino, ein Schwimmbad, eine Diskothek, einen Basketballplatz, zwei Hubschrauberlandeplätze und sogar ein U-Boot. Auf anderen Jachten stehen Schnellboote, Hubschrauber und bis zu 13 Meter lange Segelboote bereit... Man benötigt nicht weniger als sechzig Besatzungsmitglieder und zwei Millionen Dollar pro Monat, um ein solches Schiff instand zu halten. An Bord muss alles glänzen, es darf nicht das kleinste Körnchen Staub zu sehen sein! Von morgens bis abends wird die Luxusjacht poliert, damit der Besitzer sie immer in tadellosem Zustand vorfindet.

In der Welt der großen Vergnügungsschiffe scheint alles möglich zu sein: kleine Wasserfälle, die vom Oberdeck hinabstürzen, Aufzüge in Glasröhren, um die sich Treppen aus Bronze winden, Badezimmer mit luxuriöser Ausstattung und Kristallleuchter an den Decken... Es fehlen nur noch goldene Wasserhähne!

Jedes Jahr präsentieren sich auf einer Ausstellung in Monaco um die hundert solcher Traumschiffe, von denen die meisten über 40 Meter lang sind. Allerdings darf nicht jeder an den Kais entlangschlendern und die Jachten bestaunen, sondern nur die Besucher, die genug Geld haben... Einige der Schiffe kann man mieten, für 400 000 Dollar die Woche. Wenn das kein Schnäppchen ist!

Auf die Plätze – fertig – los!

Die Startlinie bei einer Regatta verläuft zwischen der ersten Boje und dem Startschiff. Wenn an einem Bootswettrennen so viele Segelboote teilnehmen wie hier, ist das Gedränge beim Start groß, doch schon bald werden die ersten Boote zurückfallen.

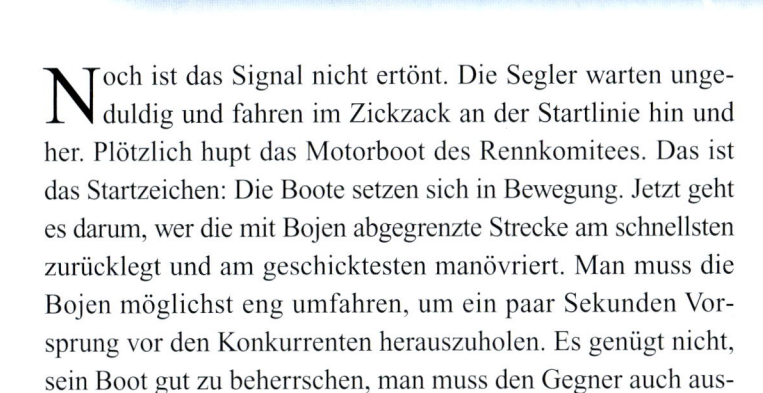

Noch ist das Signal nicht ertönt. Die Segler warten ungeduldig und fahren im Zickzack an der Startlinie hin und her. Plötzlich hupt das Motorboot des Rennkomitees. Das ist das Startzeichen: Die Boote setzen sich in Bewegung. Jetzt geht es darum, wer die mit Bojen abgegrenzte Strecke am schnellsten zurücklegt und am geschicktesten manövriert. Man muss die Bojen möglichst eng umfahren, um ein paar Sekunden Vorsprung vor den Konkurrenten herauszuholen. Es genügt nicht, sein Boot gut zu beherrschen, man muss den Gegner auch austricksen können!

An manchen Wettrennen dürfen nur Boote einer bestimmten Bootsklasse teilnehmen. Die Größe von Rumpf und Segeln wird vorher genau festgelegt. Beim weltberühmten America's Cup fahren nur Boote vom Typ International America's Cup Class (IACC) um den Titel. Sie sind etwa 22 Meter lang, haben riesige Segel und einen über 30 Meter hohen Mast (das ist so hoch wie ein zehnstöckiges Haus). Schon immer hat der America's Cup das Publikum begeistert. Heute ist er nach den Olympischen Spielen und der Fußballweltmeisterschaft das größte Medienereignis in der Welt des Sports.

Regatten können auf Flüssen und Seen ausgetragen werden, aber auch auf dem Ozean. Eines dieser Bootsrennen über das Meer ist die »Route du Rhum«, eine Atlantiküberquerung. Die größte Wettfahrt ist natürlich die Weltumsegelung, die in mehrere Etappen aufgeteilt ist.

Bei dieser Regatta treten J-Klasse-Jachten gegeneinander an.

Wenn Boote abheben

Bei einem Wettrennen sind alle Boote mit dem gleichen Motor ausgestattet. Somit entscheiden die Form des Rumpfes und die Geschicklichkeit des Piloten über den Ausgang des Rennens.

Die ersten Boote mit Außenbordmotor gab es bereits im Jahr 1880: Bei Testfahrten auf der Seine in Paris erreichte ein Außenborder die unglaubliche Geschwindigkeit von … 10 km/h! Heute lächeln wir darüber, aber damals war das ein Rekord. Der technische Fortschritt im 20. Jahrhundert ermöglichte es den Konstrukteuren, immer schnellere Boote zu bauen, bis hin zu den hoch entwickelten Offshore-Katamaranen. Die schnellsten unter ihnen werden nur bei Wettrennen eingesetzt, zum Beispiel bei der Class-1-Weltmeisterschaft, dem bekanntesten Offshore-Rennen. Class-1-Katamarane werden aus besonders leichtem und festem Material gebaut, sind 12 bis 15 Meter lang und mit leistungsstarken Motoren ausgestattet.

Nur sehr erfahrene Piloten können diese Flitzer lenken. Sie tragen Helme und spezielle Anzüge und sitzen außerdem in einem Cockpit, das durch eine Glaskuppel geschützt wird. Inzwischen können die Boote Geschwindigkeiten von über 200 km/h erreichen. Sie schweben fast über dem Wasser, denn der Wasserwiderstand würde sie bremsen. Um schneller fahren zu können, müssen sie also abheben. Bei hoher Geschwindigkeit liegen nur noch 10 Zentimeter des Rumpfes im Wasser. So wird es natürlich schwieriger, das Gleichgewicht zu halten, besonders bei Wind und starken Wellen. Wenn der Pilot die Kontrolle verliert, kann es sogar passieren, dass der Katamaran sich überschlägt. Das Steuern eines solchen Rennbootes erfordert höchste Konzentration.

Mit schnellen Booten bringen Schmuggler ihre illegalen Waren an Land.

Berühmte Schiffe

Der Bug der *Queen Mary 2* (links) zeigt, in welch tadellosem Zustand dieses riesige Passagierschiff ist. Eleganz und Originalbauteile aus alten Zeiten zeichnen die *Ranger* (rechts) aus, die mit ihren Siegen die Geschichte des America's Cup geprägt hat.

Wie wird ein Schiff berühmt? Manchmal führt ein schicksalhaftes Ereignis dazu, dass ein Schiff zu Ruhm gelangt, zum Beispiel ein Schiffbruch. Heutzutage kennt jeder die *Titanic*, die 1912 gesunken ist. Man hat ihr Wrack 1985 gefunden.

Andere Schiffe wurden wegen ihrer außergewöhnlichen Größe berühmt oder weil sie Rekorde aufgestellt haben. Heute ist die *Queen Mary 2* der Star unter den Ozeanriesen. Lange Zeit war sie das größte Passagierschiff der Welt (erst seit dem Jahr 2006 gilt die *Freedom of the Seas* als größtes Passagierschiff). Sie ist 345 Meter lang, 41 Meter breit und misst vom Kiel bis zum Schornstein 74 Meter. Dieses riesige Schiff wurde nach dem Muster früherer Ozeandampfer gebaut und kann 1250 Besatzungsmitglieder sowie 3000 Passagiere an Bord nehmen. Es hat einen Speisesaal mit 1350 Gedecken, fünf Schwimmbäder, einen Wellnessbereich (in dem fünfzig Personen arbeiten), mehrere Veranstaltungssäle, ein Planetarium, ein Krankenhaus, eine Tierarztpraxis… Die *Queen Mary 2* ist eine schwimmende Stadt!

Wieder andere Schiffe verdanken ihre Berühmtheit einer Legende oder einer Geschichte, in der sie eine wichtige Rolle spielten. Die *Renard* zum Beispiel wurde durch die Heldentaten ihres Kapitäns Robert Surcouf bekannt, der ein Pirat war und sich im Indischen Ozean wilde Gefechte mit britischen Handelsschiffen lieferte. Die heutige *Renard* ist eine Rekonstruktion ihrer Vorgängerin aus dem Jahr 1812. Und schließlich haben sich manche Schiffe bei Wettrennen einen Namen gemacht: Die *Ranger* gehörte zu den letzten J-Klasse-Jachten, die in den 1930er Jahren im America's Cup gegeneinander antraten. Sie wurde nur ein einziges Mal im Training besiegt, beim Rennen selbst wurde sie nie geschlagen!

Das Piratenschiff von Robert Surcouf

In der Werft

Europa war lange Zeit die Nummer eins im Schiffbau, bis es 1970 von Japan und später von Korea überholt wurde. Um nicht ganz vom Markt gedrängt zu werden, hat man sich auf Passagierschiffe spezialisiert. Die *Queen Mary 2* erblickte in der Atlantikwerft von Saint-Nazaire das Licht der Welt.

Schon vor Stunden ist die Sonne untergegangen, doch in der Werft wird rund um die Uhr gearbeitet – zwischen Lärm und Staub, Schrott und dem beißenden Geruch von Farbe. Die Brücke der *Queen Mary 2*, ein riesiger, etwa 600 Tonnen schwerer Stahlblock, schwebt am Arm eines Krans durch die Luft, um ihren endgültigen Platz auf dem Deck einzunehmen.

Beim Bau eines Schiffes beginnt man immer mit dem Rumpf, der entweder an Land oder in einem Trockendock angefertigt wird. Die Bauzeit hängt von der Größe des Schiffes und vom Material ab. Die Konstruktion eines traditionellen Holzschiffes kann mehrere Jahre dauern. Kunststoffjachten hingegen werden innerhalb weniger Wochen fertiggestellt. Der stählerne Rumpf eines Handelsschiffes besteht aus Blöcken, die einzeln angefertigt und anschließend mit höchster Präzision zusammengeschweißt werden. Für die *Queen Mary 2* hat man aus über hundert Blöcken einen 50 000 Tonnen schweren Rumpf gebaut. Die Schweißnähte hatten eine Gesamtlänge von 1500 Kilometern (das entspricht ungefähr der Strecke von Hamburg nach München und wieder zurück). Dank dieser Technik war der 345 Meter lange Ozeanriese innerhalb von zwei Jahren fertig, während man 1962 für die *France*, ein 315 Meter langes Passagierschiff, noch vier Jahre gebraucht hat.

Die größte Schiffswerft der Welt befindet sich in Korea. Hier werden Frachter, Öltanker und über 300 Meter lange Containerschiffe gebaut, und jede Woche läuft ein Schiff vom Stapel.

Schiffsfriedhöfe

Auf dem Schiffsfriedhof von Kerhervy an der französischen Küste liegt ein knappes Dutzend Wracks. Die ältesten Schiffe sind bereits in den 1920er Jahren hier gelandet.

Was macht man mit einem Schiff, wenn es nicht mehr seetüchtig ist? Man kann es versenken und dabei zusehen, wie es langsam von den Fluten verschlungen wird. Doch selbst ein altes Schiff ist nicht völlig wertlos, denn die Materialien (besonders der Stahl) sind meist wiederverwertbar. Also bringt man das Schiff auf einen Schiffsschrottplatz, eine sogenannte Abwrackwerft, wo es in seine Einzelteile zerlegt wird.

Weltweit werden jedes Jahr zwischen 300 und 600 unbrauchbar gewordene Schiffe verschrottet, größtenteils in Indien und Bangladesch. Dort befinden sich die meisten Schiffsfriedhöfe in einer seichten Bucht. Bei Flut werden die Schiffe mit hoher Geschwindigkeit auf den Strand gefahren, damit sie, möglichst an einer erhöhten Stelle, auf dem Sand liegen bleiben, wenn das Wasser bei Ebbe wieder zurückgeht. Dann nimmt ein ganzes Heer von Arbeitern die Wracks in Angriff. Alles, was noch irgendwie verwertet werden kann, wird abmontiert, abgesägt oder auseinandergeschweißt. Auf den Schrottplätzen der Dritten Welt transportieren die Arbeiter selbst die schwersten Metallbleche auf dem Rücken. Das Abwracken ist anstrengend und gefährlich, aber die Menschen dort haben oft keine andere Wahl: Sie müssen ihre Familien ernähren.

Ein ernstes Problem ist auch die Entsorgung von Giftmüll. Beim Zerlegen der Schiffe werden giftige Substanzen (Asbest, Treibstoffe, Blei) freigesetzt, die für Umwelt und Arbeiter eine Bedrohung darstellen. Die Schiffe müssten also eigentlich in modernen Abwrackwerften auseinandergebaut werden, wo giftige Abfälle entsorgt werden. Die meisten asiatischen Schrottplätze sind dafür nicht ausgerüstet. Um die Gesundheit der Arbeiter dort zu schützen, sollte man die Schiffe woanders verschrotten. Weniger Schiffe bedeuten jedoch auch weniger Lohn, und dann bleibt den Arbeitern fast nichts mehr zum Leben …

Ein großes Schiff wird in seine Einzelteile zerlegt.

Schiffsunglücke

Gestrandet an der felsigen Küste der Insel Inishmore im Westen Irlands, rostet dieser Frachter langsam vor sich hin. Die meisten Unfälle auf dem Meer geschehen, weil die Seeleute übermüdet sind oder die Schiffe einfach nicht mehr seetüchtig sind.

Wenn das eigene Schiff nicht so enden soll wie dieser Frachter, muss man seine Position und seinen Kurs immer wieder überprüfen und neu berechnen. Auf hoher See darf man sich seiner Sache niemals zu sicher sein: Viele Unfälle sind auf menschliches Versagen zurückzuführen. Auf den Weltmeeren erleiden im Durchschnitt zwei große Schiffe pro Woche Schiffbruch. Da kommen einige Wracks zusammen!

Manche Schiffe werden nach einem Schiffsunglück irgendwo an Land gespült, andere versinken für immer in den Fluten. In der See vor Portsall (Bretagne) ist heute dort, wo der Öltanker *Amoco Cadiz* im Jahr 1978 auf einen Felsen aufgelaufen ist, nichts mehr zu sehen. Das Schiff ist damals nicht vollständig gesunken: Einige Teile des Wracks wurden vom Sturm davongetragen, den Rest haben das Meerwasser und die salzige Gischt zerfressen.

In Küstennähe ereignen sich wegen der starken Strömungen und der gefährlichen Felsen besonders viele Schiffsunglücke. Deshalb liegen hier auch die meisten Wracks. Im Lauf der Jahrhunderte sind Tausende von Galeonen und Kriegsschiffen in Stürmen oder Schlachten gekentert. Manche Wracks bergen wahre Schätze: Kanonen, Silbergeschirr, chinesisches Porzellan, Edelsteine, Goldbarren und Münzen. Einige Archäologen verbringen ihr Leben damit, solche Kostbarkeiten in den Tiefen der Meere zu suchen … allerdings oft vergeblich!

Ein Wrack auf dem Meeresgrund

Klar zur Wende!

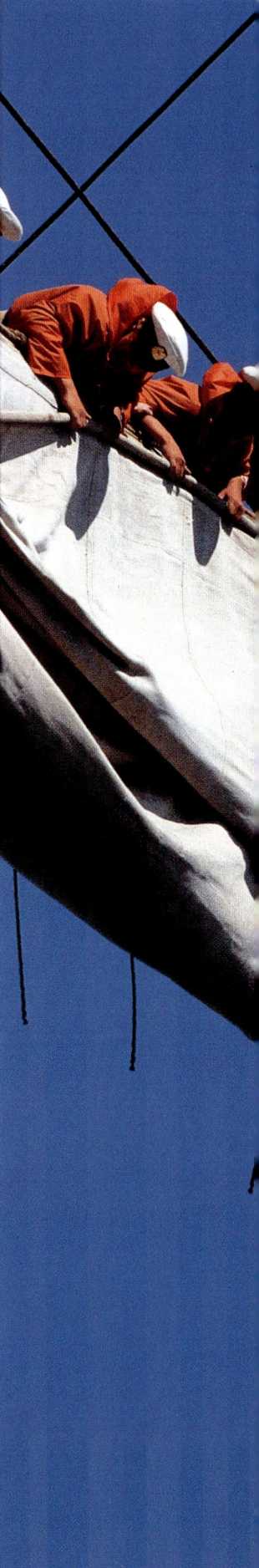

Die Arbeit der Seeleute ist kein Kinderspiel: Sie müssen sich mit dem riesigen Spinnaker herumschlagen (links) oder das Segel einholen, während sie auf einer Rah (Querstange am Mast) versuchen, das Gleichgewicht zu halten (rechts). Auf jeden Fall dürfen sie keine Höhenangst haben …

»Leg die Schot auf die Winsch und hol das Segel dicht!« Bei einem solchen Befehl ist ein Anfänger, der die Sprache der Segler nicht versteht, völlig hilflos. Auf einem Segelboot hat jeder Handgriff und jeder Gegenstand einen eigenen Namen, sogar die verschiedenen Knoten, die »Steks«, von denen es mehrere Hundert gibt. Diese Fachwörter sind Teil einer Art Fremdsprache, die alle Seeleute fließend beherrschen.

Zu den wichtigsten Manövern an Bord gehören das Losmachen der Leinen, das Festmachen am Kai und das Werfen des Ankers. Außerdem gibt es verschiedene Arten, die Segel zu setzen. Zunächst muss man sie hissen (hochziehen), sie so trimmen (ausrichten), dass das Boot optimal fährt, und sie schließlich einholen, bevor man sie wieder zusammenfaltet.

Die Fahrgeschwindigkeit und die Fahrtrichtung hängen davon ab, wie stark der Wind weht und wie man die Segel stellt. Zum Ausrichten der Segel benutzt man Leinen und dicke Winden, die das Ziehen an den Leinen erleichtern. Fährt das Boot hart am Wind (also fast in die Richtung, aus der der Wind kommt), sind die Segel steif und flach. In der Sprache der Segler heißt das »dicht«. Am stärksten blähen sie sich, wenn der Wind von achtern (hinten) kommt und sie quer zur Längsachse des Bootes stehen. Wenn man in eine ganz andere Richtung fahren möchte, fällt man zum Beispiel ab oder wendet: Man ändert mit dem Steuerruder den Kurs, sodass der Wind von der anderen Seite kommt, und richtet die Segel neu aus. Wenn der Wind besonders stark ist, kann er so sehr gegen die Segel drücken, dass das Boot sich zur Seite neigt. Um das zu verhindern, muss man die Segeloberfläche verkleinern, indem man das Segel refft (zusammenfaltet oder einrollt). Also dann: »Klar zur Wende!«

Kurs halten auf hoher See

Der Kapitän dieser Fähre kontrolliert auf dem Radarschirm seine Position. Heute erleichtern moderne elektronische Geräte das Navigieren, aber sie können die traditionellen Seekarten nicht ganz ersetzen.

Das Radargerät auf der Brücke eines Schiffes zeigt die Umrisse des Hafens an. Der Kapitän und sein Erster Offizier können sich beim Manövrieren aber nicht allein auf den Radar verlassen. Sie sind auf die Hilfe und die Anweisungen eines Lotsen angewiesen, der sich in dem jeweiligen Hafen besonders gut auskennt und zu ihnen an Bord kommt.

Außerhalb des Hafenbeckens sind sie wieder auf sich allein gestellt. Solange die Küste noch in Sicht ist, können die Seeleute sich an der Küstenlinie, den Leuchttürmen und den Baken (Signalzeichen) orientieren. Auch die Seekarte ist unentbehrlich: Auf ihr sind Küsten und Häfen eingezeichnet, Wracks und Riffe, sie gibt aber auch Auskunft über die Meerestiefe und die Beschaffenheit des Meeresgrundes.

Draußen auf hoher See gibt es keine festen Anhaltspunkte mehr. Überall ist Wasser, so weit das Auge reicht. Tagsüber brennt die Sonne am Himmel, nachts leuchten die Sterne. An ihnen orientierten die Seefahrer sich früher. Der Sextant, ein Gerät, mit dem man die Höhe der Himmelskörper ermittelte, half ihnen, die Position ihres Schiffes zu bestimmen. Wenn Sonne und Sterne von Wolken verdeckt wurden, war es jedoch schwer, den Kurs zu halten ...

Sextanten gibt es immer noch (sie gehörten bis 2004 zur Sicherheitsausrüstung), aber sie werden kaum noch benutzt. Auf Radarschirmen erkennt man alles, was sich an der Wasseroberfläche befindet, vor allem andere Schiffe. Das GPS (Global Positioning System) empfängt Daten von Satelliten aus dem All und bestimmt anhand dieser Informationen die Position und den Kurs des Schiffes.

Dieser Aviso (ein Kriegsschiff) ist mit Radargeräten und Navigationsantennen ausgestattet.

Rettung in Sicht

Die See ist aufgewühlt, die Sturmböen erreichen über 100 km/h – und trotzdem fahren freiwillige Rettungskräfte aufs Meer hinaus, um Menschen zu retten, die in Seenot geraten sind.

Die See kann noch so stürmisch sein, der Wind noch so stark – die freiwilligen Helfer der Deutschen Gesellschaft zur Rettung Schiffbrüchiger (DGzRS) begeben sich bei jedem Wetter in die tosenden Fluten: Sie kommen kleinen Segelbooten und Sportbooten zu Hilfe, aber auch größeren Jachten und Fischerbooten. Die Seenotretter sind bereit, ohne Bezahlung ihr Leben zu riskieren, um das anderer Menschen zu retten.

Die 800 freiwilligen Rettungskräfte und 185 fest angestellten Mitglieder der DGzRS verteilen sich auf 54 Stationen entlang der deutschen Küste. Die Gesellschaft verfügt über eine Flotte von sechzig modernen Seenotkreuzern und Seenotrettungsbooten. Die kleineren, wendigen Rettungsboote eignen sich besonders für Einsätze in Küstennähe, da sie sich mühelos zwischen den Klippen und Riffen bewegen können. Weiter draußen auf dem Meer werden Hochseeschlepper eingesetzt, die manchmal auch von Hubschraubern Unterstützung bekommen.

Seit ihrer Gründung im Jahr 1865 hat die DGzRS mehr als 72 000 Menschen aus Seenot gerettet und aus lebensbedrohlichen Situationen befreit. Allein in einem Jahr kommen die Boote ungefähr 2000-mal zum Einsatz, und mehrere Hundert Menschen verdanken den freiwilligen Helfern jährlich ihr Leben. Trotzdem sind einige der Geretteten kein bisschen dankbar. Manche ziehen sogar gegen ihre Lebensretter vor Gericht, weil ihr Boot beim Abschleppen beschädigt wurde! So riskieren wir, dass es bald nicht mehr viele Menschen geben wird, die ihr Leben freiwillig für andere aufs Spiel setzen.

Die Besatzung eines Segelbootes wartet auf Rettung.

Jeder Hafen ist anders

Das Passagierterminal des New Yorker Hafens erinnert an die 1930er Jahre und das goldene Zeitalter der Überseedampfer. Seit etwa 15 Jahren sind Kreuzfahrten wieder besonders gefragt, und die Flotte der Ozeanriesen wird immer größer.

Auf der ganzen Welt markieren rote und grüne Bojen die Einfahrt eines Hafens (Rot steht für Backbord, das ist links, und Grün für Steuerbord, also rechts). Nachdem ein Schiff eingelaufen ist, wird es vertäut, damit es vor Stürmen geschützt ist.

Viele Häfen sind auf einen bestimmten Schiffstyp spezialisiert und entsprechend ausgestattet. In einem Jachthafen zum Beispiel, auch Marina genannt, findet man meist ein Restaurant, einen Jachtclub, einen Laden für Schiffszubehör und manchmal auch eine kleine Werft, in der Reparaturen ausgeführt werden. Zu einem Fischereihafen gehören Auktionshallen (in denen Fisch verkauft wird), Kühleinrichtungen zur Konservierung der Waren und Lagerhallen, in denen die Lastwagen beladen werden. In einem Ölhafen (hier werden nur Öltanker be- und entladen) stehen zahlreiche Öltanks, und meist befindet sich ganz in der Nähe eine Raffinerie (dort wird das Rohöl bearbeitet). Ein Containerhafen verfügt über große Lagerflächen und Kräne zum Entladen der Frachtschiffe. Und in einem Passagierhafen (für Fähren oder Passagierschiffe) befinden sich Geschäfte und Imbissbuden.

Dank der Entwicklung der Handels- und Kreuzschifffahrt gewinnen heute einige internationale Häfen an Bedeutung und werden ausgebaut. Andere Häfen blicken bereits auf eine lange Geschichte zurück: An den Molen, die vor New York ins Meer ragen, legten im 19. Jahrhundert Ozeandampfer an, die aus Europa kamen und Scharen von Einwanderern an Bord hatten, die allesamt von einem besseren Leben in Amerika träumten. Heute sind es Touristen, die vor Manhattan die Passagierschiffe verlassen. Auch sie träumen davon, ihrem Alltag zumindest für eine kurze Zeit zu entfliehen …

Die modernen fahrbaren Kräne erleichtern die Wartung der Jachten.

Ein Schiff als Leuchtturm

Ein Feuerschiff kann man leicht an der roten Farbe und dem Turm erkennen. Weltweit gibt es nur noch etwa zwanzig Schiffe dieser Art.

Schon im Altertum gab es Leuchttürme, die Seefahrer vor gefährlichen Passagen in der Nähe der Küsten warnten und ihnen den Weg wiesen. An manchen Stellen war das Meer jedoch zu tief oder der Boden zu sandig und weich (auf Sandbänken zum Beispiel), um dort einen Leuchtturm zu errichten. Man brauchte also schwimmende Wegweiser, und so kamen die Feuerschiffe zum Einsatz. Sie wurden rot angestrichen, damit sie auch aus großer Entfernung gut zu sehen waren, und mit zwei dicken, bis zu 100 Meter langen und 100 Tonnen schweren Ketten im Meeresboden verankert. So blieben sie immer an derselben Stelle – ein seltsames Schicksal für ein Schiff! Die Besatzungsmitglieder wohnten auf ihren Schiffen und mussten einiges durchmachen, denn ihre Behausungen wurden von den Wellen unaufhörlich hin- und hergeschaukelt. Die Männer waren ständig seekrank.

Bei heftigen Stürmen geschah es nicht selten, dass die Wellen oder der Wind ein Feuerschiff von den Ketten losrissen und aufs offene Meer hinaustrieben. Es konnte Stunden dauern, bis es von einem anderen Schiff gefunden wurde, denn damals hatte man an Bord noch keine Funkgeräte, um Hilfe herbeizurufen.

Diese ungewöhnlichen Schiffe wurden unter anderem in den Untiefen des Ärmelkanals, in der Nordsee und vor Kanada verankert. Einige von ihnen trugen den Namen der Sandbank, die sie bewachten. Inzwischen wurden die meisten Feuerschiffe von automatischen Leuchttonnen abgelöst und verschrottet. Einige aber hatten Glück und wurden zu einem Museum, einem Restaurant oder einer Diskothek umfunktioniert.

Sturm auf hoher See

Die Meerenge Raz de Sein vor der bretonischen Küste ist ein brodelnder Kessel. Wegen der gefährlichen Strömungen und Felsen müssen die Seeleute hier besonders vorsichtig sein.

Warum fährt ein Fischer bei Sturm und hohen Wellen aufs Meer hinaus? Er muss doch lebensmüde sein! Aber nein, er ist auf der Jagd nach dem Wolfsbarsch, der die stürmischen Wogen liebt. Hier findet der König der Fische seine Nahrung, das Plankton, das durch den Wellengang aufgewirbelt wird. Es liegt nicht nur am Wetter, dass die See hier im Raz de Sein so unruhig ist, sondern auch an den starken Strömungen, die direkt unter der Wasseroberfläche auf Felsen treffen und die vielen Strudel erzeugen. Ein Schiff kann jeden Moment an den Felsen zerschellen.

Außer den Fischern, die bei ihrer Arbeit täglich ihr Leben aufs Spiel setzen, begibt sich natürlich niemand freiwillig bei Sturm hinaus aufs Meer. Jeder Seemann hört sich vor seiner Fahrt die Wettervorhersage im Radio an. So erfährt er, wie stark der Wind weht und aus welcher Richtung er kommt, ob die See ruhig ist oder aufgewühlt und wie das Wetter in der betreffenden Meereszone sich entwickeln wird. Auf diese Vorsichtsmaßnahme darf er niemals verzichten.

Wenn ein Seemann trotz aller Vorkehrungen in ein Unwetter gerät, ist das Schlimmste, was ihm passieren kann, an Land getrieben zu werden und auf Grund zu laufen. Bei stürmischem Wetter versucht er also, sich von der Küste fernzuhalten und aufs offene Meer zu flüchten. So widersprüchlich es auch klingen mag: Wenn man sich auf hoher See befindet, droht die größte Gefahr vom Land.

Ein Schiff kämpft sich durch die Wellen.

Eine besondere Schule

Der Optimist wurde 1948 von dem Amerikaner Clark Mills entworfen. Dieses kleine Anfängerboot ist mit einem inzwischen selten gewordenen Segel ausgestattet: dem Sprietsegel.

Immer mehr Menschen träumen davon, ihre eigene Jacht zu besitzen und einfach draufloszusegeln. Doch bevor sie sich diesen Wunsch erfüllen können, müssen sie in eine Segelschule gehen. In einer solchen Schule erfährt man alles über das Meer, die Gezeiten und die Wetterlage auf hoher See. Man lernt die wichtigsten Begriffe und wie man eine Seekarte liest, welche Seezeichen und Verkehrsregeln es gibt, aber auch, wie man sein Boot auftakelt (segelbereit macht) und Wartungsarbeiten ausführt.

Nun geht es darum, das Erlernte in die Praxis umzusetzen: Die Pinne zum Steuern in der einen Hand, die Schot in der anderen, wagt sich der Segelschüler – natürlich nicht ohne seine Schwimmweste – allein aufs Wasser hinaus. Er muss nun ausprobieren, wie sein kleines Boot auf Wind und Wellen reagiert. Es ist durchaus möglich, dass er mehrmals kentert, dass die Schoten sich verheddern und die Manöver einfach nicht gelingen wollen. Doch schon bald werden ihm die Ratschläge des Segellehrers helfen, das Boot zu beherrschen.

Zur Grundausstattung einer Segelschule gehört der Optimist, eine kleine Ein-Mann-Jolle, die nur 2,30 Meter lang ist. Das Boot hat einen flachen Rumpf aus Aluminium und ein viereckiges Segel. Da es so einfach zu lenken ist, kann sogar schon ein achtjähriges Kind allein darauf segeln. Aber der Optimist ist nicht nur ein Anfängerboot, sondern wird auch bei Regatten eingesetzt. Ja, auch auf einem kleinen Boot kann man beweisen, dass man ein guter Steuermann ist! Schwieriger wird es auf einem Sportkatamaran: Hier muss man sich ins Trapez hängen, um das Boot im Gleichgewicht zu halten. Allerdings ist es ein einzigartiges Gefühl, bei hohem Tempo über dem Wasser zu schweben.

Arbeitsschiffe

Im Norden Europas, im völlig zugefrorenen Bottnischen Meerbusen, kommt der finnische Eisbrecher *Otso* Handelsschiffen zu Hilfe. Während der Wintermonate hängt die Versorgung der Häfen in Finnland von den Eisbrechern ab.

In manchen Regionen friert das Meer im Winter zu, und kein Schiff kann sich mehr einen Weg durch die Eismassen bahnen – mit Ausnahme der Eisbrecher, die besonders leistungsstarke Motoren und einen verstärkten Rumpf haben. Sie arbeiten sich durch das dicke Packeis und schaffen schmale Fahrrinnen.

Während Eisbrecher ihren Schützlingen vorausfahren, ziehen Schlepper andere Schiffe hinter sich her. Neben den Frachtern, die sie oft begleiten, wirken Schlepper zwar winzig, aber sie haben äußerst starke Motoren. In allen Häfen der Welt unterstützen sie große Schiffe beim Anlegen am Kai. Sie sind auch zur Stelle, wenn jemand auf dem Meer in Seenot geraten ist, und schleppen motorlose Kähne durch Flüsse und Kanäle.

Es gibt viele verschiedene Arbeitsschiffe: Löschboote zum Beispiel sind mit Wasser- und Schaumkanonen ausgestattet, um Feuer zu löschen. Baggerschiffe verhindern die Verschlammung der Fahrrinnen. Sie schaufeln unermüdlich Sand aus der Tiefe, laden ihn an Bord und kippen ihn weiter draußen ins Meer.

Der berühmte Meeresforscher Jacques Cousteau unternahm mit seinem Schiff *Calypso* im letzten Jahrhundert zahlreiche Expeditionen zur Erforschung der See. Auch heute durchstreifen Forschungsschiffe die Ozeane. Manche sammeln Informationen über die meteorologischen Bedingungen auf dem Meer, andere, wie die Schiffe des BSH (Bundesamt für Seeschifffahrt und Hydrographie), erforschen den Meeresgrund, um die Erstellung genauer Seekarten zu ermöglichen.

Trotz ihrer unterschiedlichen Einsatzgebiete haben letztlich alle Arbeitsschiffe die gleiche Aufgabe: anderen Schiffen eine sichere Reise zu ermöglichen.

Dieser besondere Frachter kann bis zu 25 000 Tonnen Ladung aufnehmen und liegt dann so tief im Wasser, dass nur noch ein Teil von ihm zu sehen ist.

Die Schutzengel der bretonischen Küste

Zwei Hochseeschlepper überwachen den Ärmelkanal: Die *Abeille Bourbon* ist für die Wasserstraße von Ouessant zuständig, und vor der Halbinsel Cotentin patrouilliert die *Abeille Liberté*.

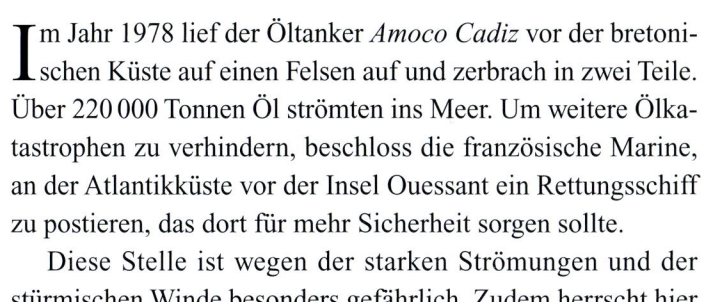

Im Jahr 1978 lief der Öltanker *Amoco Cadiz* vor der bretonischen Küste auf einen Felsen auf und zerbrach in zwei Teile. Über 220 000 Tonnen Öl strömten ins Meer. Um weitere Ölkatastrophen zu verhindern, beschloss die französische Marine, an der Atlantikküste vor der Insel Ouessant ein Rettungsschiff zu postieren, das dort für mehr Sicherheit sorgen sollte.

Diese Stelle ist wegen der starken Strömungen und der stürmischen Winde besonders gefährlich. Zudem herrscht hier ein reger Schiffsverkehr: Täglich passieren bis zu 150 Frachter die Wasserstraße, und etwa zehn von ihnen transportieren Gefahrgut.

26 Jahre lang hat der Hochseeschlepper *Abeille Flandre* die bretonische Küste überwacht. Da die Öltanker und Containerschiffe jedoch immer größer wurden, ersetzte die französische Marine ihn durch ein leistungsstärkeres Rettungsschiff, die *Abeille Bourbon*, die seit 2005 im Einsatz ist. Sobald die Windstärke auf dieser stark befahrenen Wasserstraße 25 Knoten überschreitet, verlässt die *Abeille Bourbon* den Hafen in Brest und fährt hinaus, um vor der Insel Ouessant zu patrouillieren. Mit ihrem 22 000-PS-Motor kann sie Schiffen, die in Seenot geraten sind – sei es wegen Motorpannen oder Ruderdefekten, Lecks oder Feuer an Bord –, rasch zu Hilfe kommen und selbst die größten Flugzeugträger oder Supertanker abschleppen. Im frühen 20. Jahrhundert wurden noch einfache Ruderboote als Rettungsboote benutzt, die nicht einmal einen Schutzraum für Mannschaft und Schiffbrüchige hatten. Unter Aufbietung all ihrer Kräfte kämpften sich die Retter damals zu den verunglückten Schiffen vor, um die Besatzung in Sicherheit zu bringen.

Im letzten Jahrhundert mussten die Rettungskräfte ihre Boote noch rudern.

Zwei Schiffe – zwei Jahrhunderte

Zwischen 1896 und 1914 hat dieser Dreimaster etwa dreißigmal den Atlantik überquert. Obwohl sie über hundert Jahre alt ist, nimmt die *Belem* an allen Treffen historischer Segelboote teil.

Im Jahr 1896 nähert sich der riesige Dreimaster *Belem*, beladen mit Kakaobohnen aus Brasilien, der französischen Küste. Die Windverhältnisse sind ideal. Das große Schiff macht 8 Knoten Fahrt (15 km/h). Gleich werden die Matrosen mit einem Wendemanöver den Kurs ändern. Die Wende wird eine gute Viertelstunde dauern, schließlich müssen 22 Segel neu ausgerichtet werden! Danach fährt die *Belem* den Hafen an. Eine halbe Stunde hat die Mannschaft bei der Abfahrt in Brasilien benötigt, um alle Segel zu hissen (immerhin 1200 Quadratmeter Segelfläche), und nun wird es über eine Stunde dauern, sie wieder einzuholen.

Heute dient das alte französische Handelsschiff, das lange Zeit Waren über den Atlantik transportiert hat, als Schulschiff. Auf der *Belem* werden Matrosen ausgebildet, die sich für das traditionelle Segeln begeistern und davon träumen, wie früher über die Weltmeere zu fahren, zurück in die Vergangenheit …

Hin und wieder kreuzt der *Hydropter* den Weg des Dreimasters. Mit über 40 Knoten (etwa 80 km/h) schwebt das Tragflügelboot, leicht wie eine Libelle, etwa zwei Meter über dem Wasser. Um ein solches Tempo zu erreichen, musste man dem Wasserwiderstand entgehen, der das Boot bremste. Man ließ es also »fliegen«, da Luft viel weniger Widerstand bietet. Wenn der Wind mit über 20 km/h in das Großsegel bläst, hebt sich der Rumpf aus dem Wasser und das Boot gleitet auf seinen beiden Tragflügeln über die Wasseroberfläche.

Der technische Fortschritt eines ganzen Jahrhunderts und mehr als 60 km/h liegen zwischen der *Belem* und dem *Hydropter* … Wie werden Schiffe wohl in hundert Jahren aussehen?

Dank modernster Technik kann sich der Rumpf dieses Bootes aus dem Wasser heben.

BILDNACHWEIS

Alle Fotos in diesem Band stammen von Philip Plisson,
mit Ausnahme von S. 18–19: © Guillaume Plisson, und S. 29: © Didier Perron

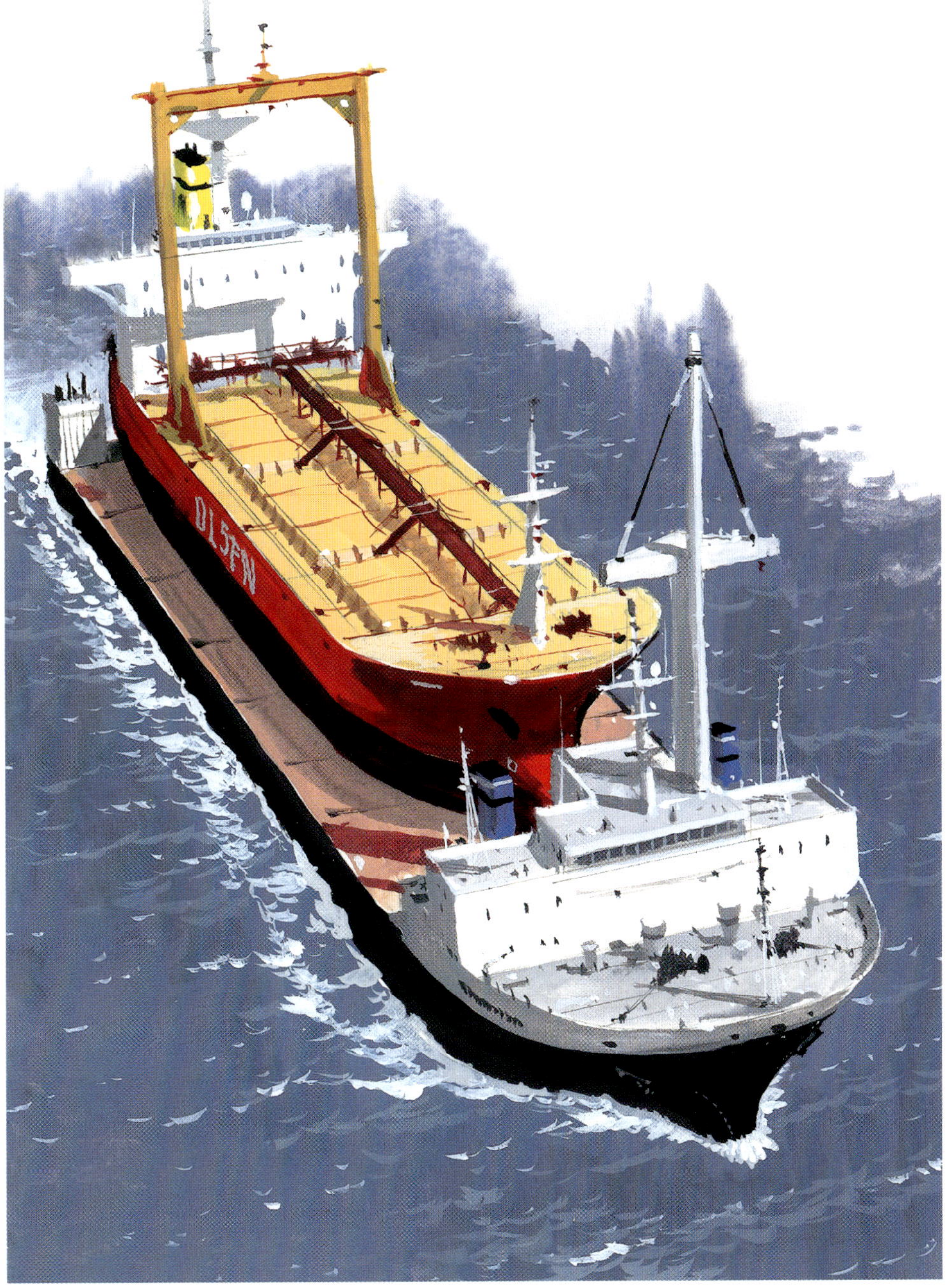
OLSEN